Pour tous les petits loups...

Dominique Garros

Petit Pierre fait des cadeaux !

ALBIN MICHEL JEUNESSE

Pour la tortue Juliette,
des patins à roulettes !

Des lunettes de myope,
pour Mirette la taupe!

Des bigoudis pour Frédéric, le piquant porc-épic !

Pour Alphonse le morse,
du dentifrice et une brosse!

Un zip pour Marie-lou,
et sa poche de Kangourou!

Un pansement pour Hubert,
et sa bosse de dromadaire!

Pour le cochon Léon,
un caleçon polisson...

NIF
NIF

Un nez de clown pour Nikita,
et sa triste bille de panda!

Un sifflet bien trop long,
pour Odilon le caméléon!

Pour Madelon le mouton qui grelotte,
des aiguilles et de la laine en pelote.

Pour que Renaud se fasse beau,
une mousse à raser pour blaireau!

Et pour Petit Pierre le farceur,
un éclat de rire moqueur ...

22, rue Huyghens, 75014 Paris
Loi 49 956 du 16 juillet 1949
sur les publications destinées
à la jeunesse
N° d'édition 10 266
ISBN 2 226 04957-6
Dépôt légal mai 1991
Réalisation Partenaires
Imprimé en France